♦ 추천의 글 ♦

혹시 지구가 평평하다면 어떨까요? 이 책은 단순한 질문 하나로 아이들의 마음속에 놀라운 문을 열어 줍니다. 누구나 알고 있는 지구가 둥글다는 사실 뒤편에 반짝이는 물음표를 붙여 놓은 것이죠. 상상은 언제나 과학보다 빠르게 멀리 나아갑니다. 책 속에 살아 움직이는 독특한 그림은 그런 상상력의 방향을 눈부시게 비추죠. 푸른 지구가 납작하게 펼쳐진 세상 속에서 아이들은 자유롭게 날고, 걷고, 새로운 규칙을 만들며, 자신만의 우주를 그려 냅니다. 현실의 경계를 넘는 그 순간, 아이들은 배우게 됩니다. 세상을 이해하는 길이 꼭 정답만으로 이어지지 않는다는 것을 말이죠. 단 하나의 뒤틀린 가정에서 시작된 무한한 상상의 여정이 담긴 이 책을 통해 생각은 어디까지나 펼쳐질 수 있다는 자유를 미래 예비 과학자들에게 선물해 주세요.

궤도(과학 커뮤니케이터, DGIST 특임교수, 『궤도의 엉뚱한 과학책』의 저자)

47쪽의 외계인과 케이크 그림, 정말 멋지지요?
그 그림은 제가 그린 게 아니라
제 친구 마르코 콰드리가 그린 그림이랍니다!
마르코에게 감사의 마음을 전해요.

-안드레아 안티노리

지구가 평평하다면?

초판 1쇄 2025년 12월 1일

글·그림 안드레아 안티노리 | **옮김** 문주선

펴낸이 김윤정 | **편집** 고양이 | **디자인** 호곰
펴낸곳 신나는원숭이 | **출판등록** 2024년 3월 4일 제2024-000016호
전화 031-223-0214 | **전자우편** books@funny-monkey.com
인스타그램 @funnymonkey_books | **블로그** blog.naver.com/funnymonkey_books
ISBN 979-11-989121-6-9 73440

제조자 신나는원숭이 | **제조국** 대한민국 | **사용연령** 6세 이상

The Earth is not Flat
Copyright © 2025, del texto y las ilustraciones: Andrea Antinori
Copyright © 2025, de la edición: Zahorí Books
All rights reserved.
Korean translation rights © Funny Monkey publishing 2025
Korean Translation Edition published by arrangement with ZAHORI DE IDEAS, S.L., through AMO Agency, Korea.
이 책의 한국어판 저작권은 AMO 에이전시를 통해 저작권자와 독점 계약한 신나는원숭이에 있습니다.
저작권법에 의해 한국 내에서 보호를 받는 저작물이므로 무단 전재와 무단 복제를 금합니다.

* 잘못된 책은 구입하신 서점에서 바꿔 드립니다.
* KC마크는 이 제품이 공통안전기준에 적합하였음을 의미합니다.
* 책 모서리에 다치지 않게 주의하세요.

지구가 펑펑하다면?

글·그림 안드레아 안티노리 ✳ 옮김 문주선

신나는원숭이

지구는 평평하지 않아!

이건 진짜 확실하게 말할 수 있지.
지구는 둥글다는 걸!
어떻게 아냐고?
그야 내가 직접 봤으니까!

그걸 확인하려고 과학자가 될 필요도 없고,
로켓을 타고 우주까지 갈 필요도 없어.
쉽게 확인할 방법이 많거든.

인터넷을 찾아봐.
우주에서 찍은 지구 사진이 넘쳐 나.

먼바다로 나아가는 배를 본 적 있어?
점점 멀어지다가 수평선 너머로 사라질 때
배 아랫부분부터 서서히 안 보이게 되지.
이건 지구가 둥글어서 그래.
배가 지구 곡선을 따라 내려가기 때문이야.

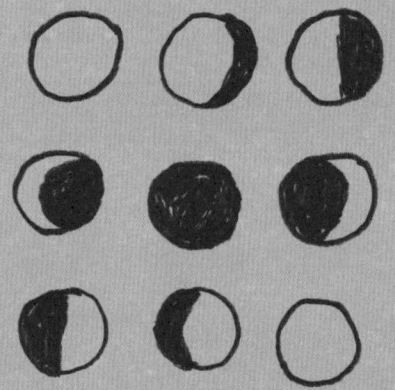

태양과 지구와 달이 나란히 위치하면 달이
지구 그림자에 가려지는 월식이 일어나.
이 현상으로 달 표면에 드리운
지구 그림자를 확인할 수 있어.
이 그림자는 언제나 곡선을 띠어.
이건 지구가 둥글다는 증거야.

지구 반대편에 사는 친구가 있다면,
전화해서 몇 시냐고 물어봐.
지구는 둥글기 때문에 태양이 모든 곳을
동시에 비출 수 없어.
그래서 어딘가가 낮일 때, 다른 곳은 밤이지.

여기 둥근 지구와 평평한 지구를 비교하기에
딱 좋은 음식 두 가지가 있네.

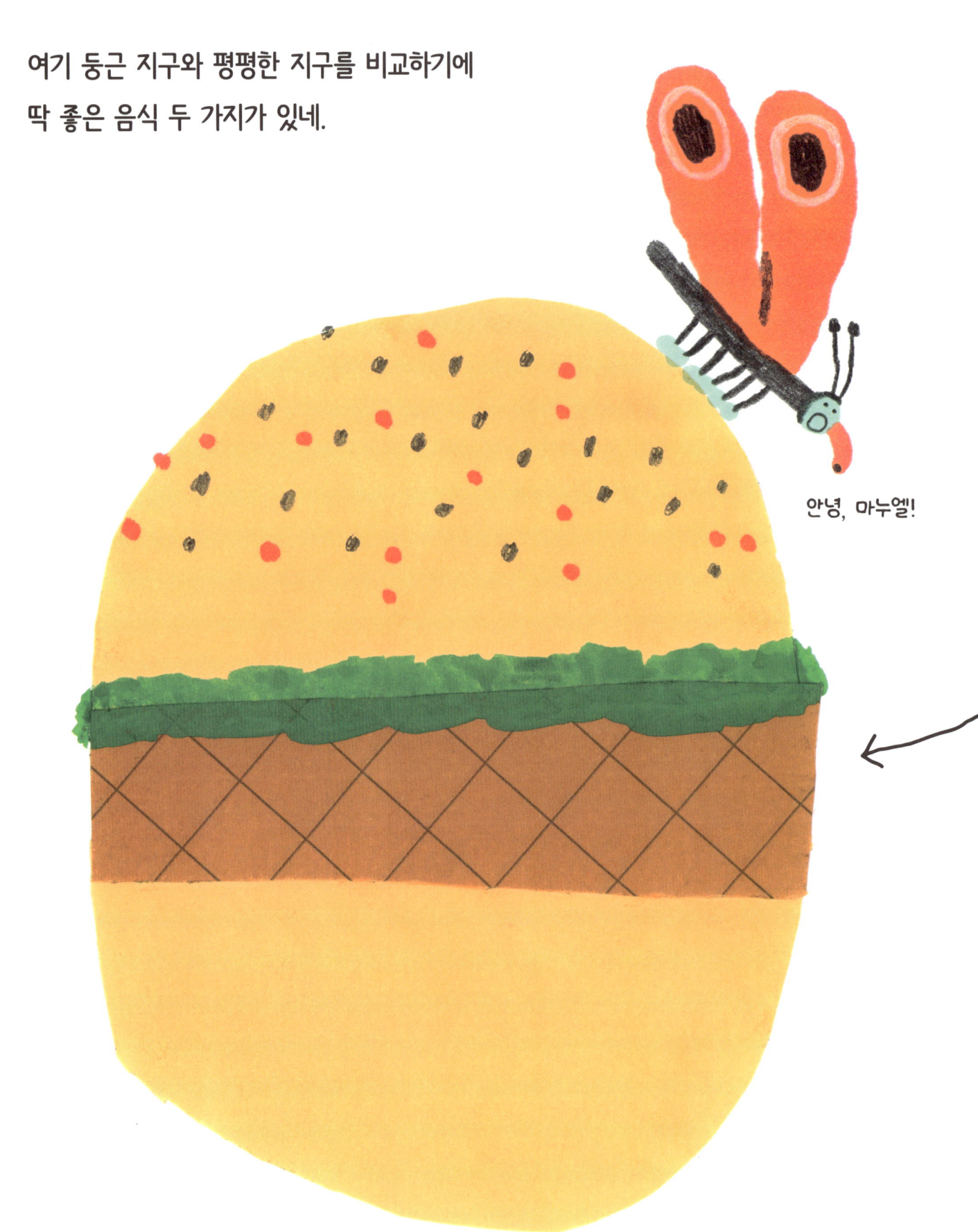

안녕, 마누엘!

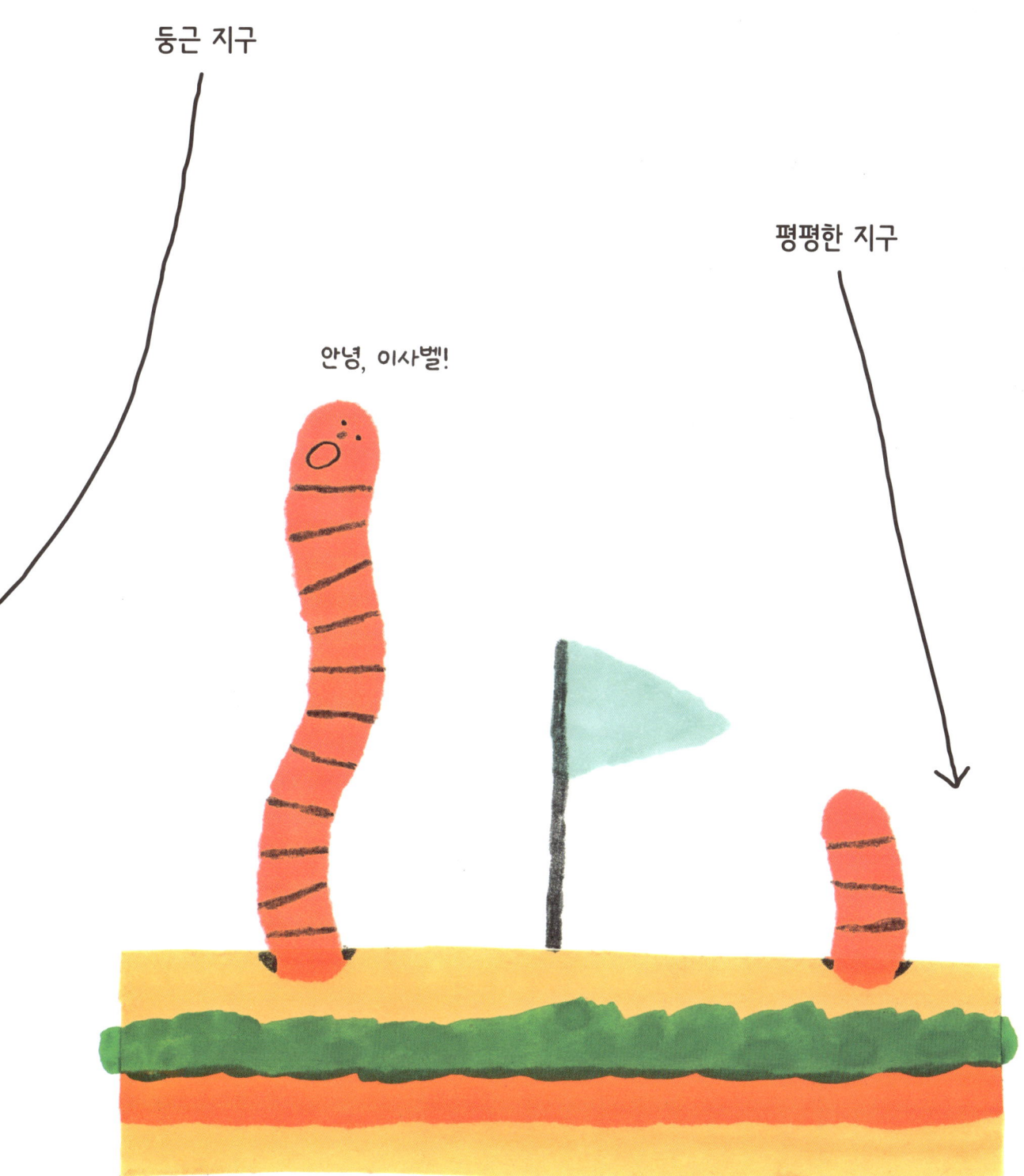

상상해 봐.
지구가
평평하다면
우리는
어떻게
살게 될까?

지구에는 딱 두 면만 있을 거야.

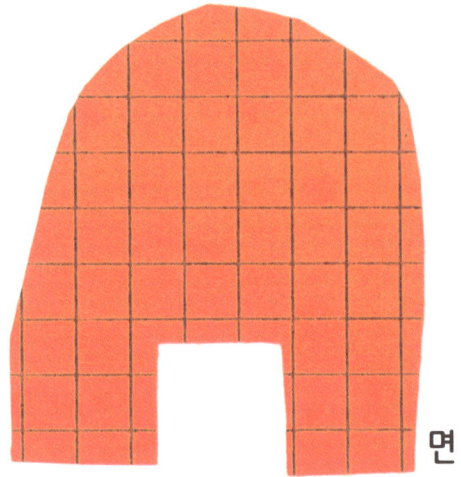
면

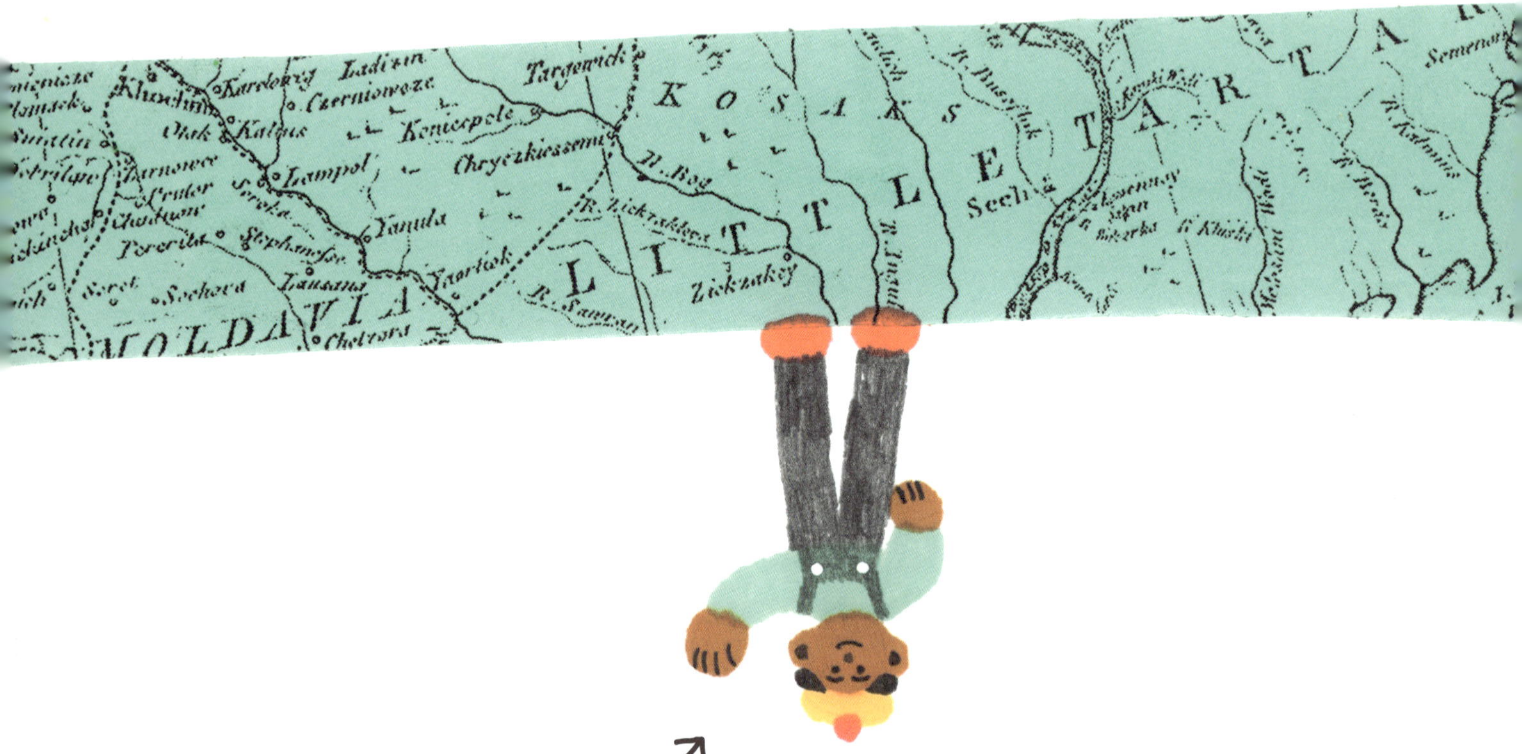

↑
루이스

레베카 ↙

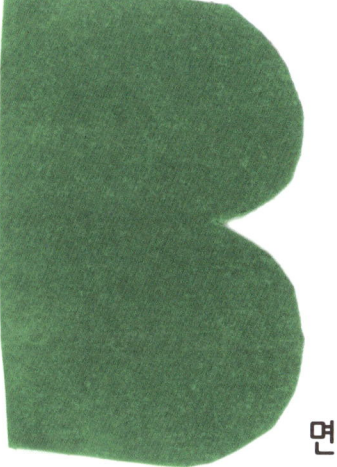
면

서로 반대쪽에서 살던 사람들이 만나고 싶을 땐
구멍 하나만 파면 충분할걸.

근데 그렇게 쉽게 구멍을 파면 어떤 일이 벌어질까?
지구는 순식간에 구멍 숭숭 뚫린 치즈가
되어 버리지 않을까?

그러면 어떤 물건들은

금지될지도 몰라!

둥근 지구는 스스로 도는 자전 운동을 하는데, 평평한 지구는 어떻게 돌지?

평평한 지구가 도는 방법

둥근 지구는 23.5도 기울어 있는데,
평평한 지구의 기울기는 어떨까?
양 끝에 사는 생물의 무게에 따라 달라질걸?

평평한 지구의 기울기 변화 실험 중!

엉뚱해질 수도 있어.

심지어 산도 납작해질걸.

세상 끝에서는 무슨 일이 벌어질까?

역사도 완전히 바뀌겠지?

자, 그냥 걸어서 집에 갑시다!

지구가 평평하다면,

세상 모든 게 다 납작해질까?

과일이랑 채소도 납작해지겠지?

사과나무랑 사과도!

어떤 동물들은 지금 모습 그대로 신나게 살아갈 테고,

또 어떤 동물들은 열심히 환경에 적응해서 변해야 할 거야.

공룡 시대도 피해 갈 순 없어!

납작한 공룡

세상의 수많은 것이 지금과는 완전히 달라질 거야.

만약 지구가 둥글지도 평평 하지도 않다면,

대체 어떤 모양일 수 있을까?

하나의 모양으로
고정되지 않고
끊임없이 모습을
바꿀 수도 있을까?

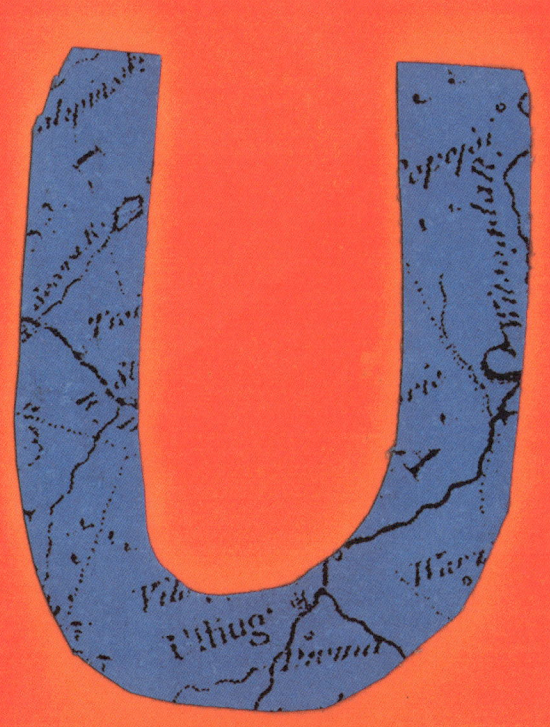
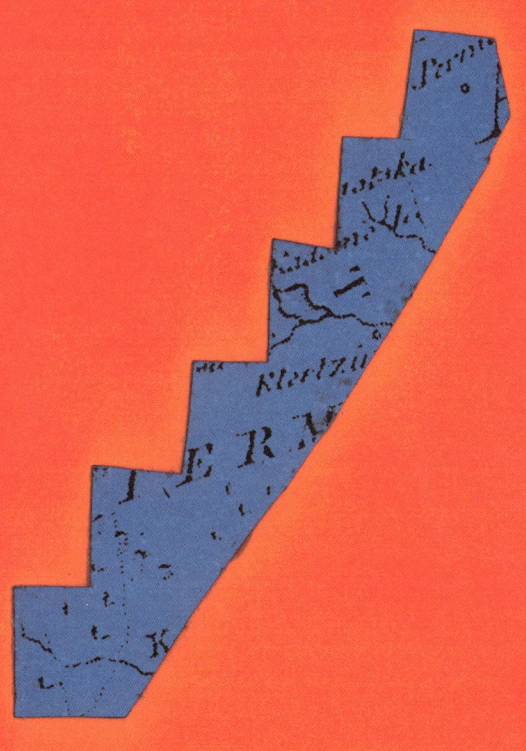

꽉 닫힌 상자처럼 밖으로 나갈 수 없는 지구에서 살 수도 있지.

모양은 둥글지만 질감이
다르다면 어떨까?

푹신푹신한 지구에서도
살아 보고 싶지 않아?

지구가 둥글면 어떻고, 평평하면 어때?
그보다 더 중요한 게 있잖아!
네가 원하는 지구 모양을 상상해 보는 것!

자, 여기에 너만의 지구를 그려 봐.
가장 마음에 드는 모양으로!

글·그림 **안드레아 안티노리**

이탈리아 우르비노 예술산업대학과 스페인 마사나 예술학교에서 일러스트레이션과 디자인을 공부했습니다. 볼로냐 국제 아동 도서전에서 3년 연속 올해의 일러스트레이터로 선정되고, 『괴물의 수프』로 이탈리아 프레미오 안데르센상을, 『위대한 전투』로 상하이 국제 아동 도서전에서 최우수 국제 그림책상을, 『어젯밤에 누가 다녀갔을까?』로 이탈리아 볼로냐 SM상을 받았습니다. 그 밖에 『빠진 이 삽니다』, 『문어 뼈는 0개』 등 상상력 가득한 작품으로 한국의 독자들과 만났습니다. 평소 피자를 엄청 좋아하고 자전거를 타거나 버섯을 따며 시간 보내는 걸 좋아합니다.